DEBOUT, FRANCE!

PAR

J.-F.-ALBERT LOUIS.

Reveille-toi, France opprimée,
On te crut morte et tu dormais!
C. DELAVIGNE. (*Charles VI*)

ALGER

JUILLET SAINT LAGER, LIBRAIRE-ÉDITEUR
Rue Bab-Azoun.

1871

DEBOUT, FRANCE !

DU MÊME AUTEUR

AUTOUR DU TAPIS-VERT. (2me édition).

DÉSILLUSION, POÈME.

DEBOUT, FRANCE! (Brochure in-12).

Pour paraître prochainement

A TRAVERS LE PAYS-BLEU DÉSILLUSIONS, POÉSIES.

LA PIERRE PHILOSOPHALE.

LA VALSE DE MINUIT.

LA CHANSON D'AVRIL.

LA BALLADE DU DÉCAVÉ.

SUS A MONTE-CARLO!

OLLA PODRIDA.

En préparation

LELLA NEFIDZA.

Alger. — Typ. Juillet St Lager.

DEBOUT, FRANCE!

PAR

J.-F.-ALBERT LOUIS.

Reveille-toi, France opprimée,
On te crut morte et tu dormais!

C. DELAVIGNE. (*Charles VI*)

ALGER

JUILLET SAINT LAGER, LIBRAIRE-ÉDITEUR
Rue Bab-Azoun.

1871

A mon Père.

Permets-moi, mon cher Père, de t'offrir la dédicace de cet opuscule, écrit dans un des rares moments de loisir que me laisse ma nouvelle vie de soldat, et fais en sorte d'être indulgent pour ces quelques pages de politique à l'eau de rose.

Songe donc que j'aurais pu te dédier encore des vers !...

Je t'embrasse de toutes mes forces.

ALBERT LOUIS.

Engé volre au 1er Régim. de Chasseurs d'Afrique.

Blidah, 30 mai 1871.

A MES BRAVES AMIS

Léon Chudaca

&

Edmond Bourdeau

Enseigne de vaisseau.

. . . .

« Des dures épreuves que la France vient de traverser, elle peut sortir régénérée, comme la Prusse du désastre d'Iéna. Mais il faut pour cela qu'elle s'impose à elle-même une forte discipline. Elle doit immédiatement consacrer à l'instruction ce qu'elle donnait aux plaisirs, se soumettre à la dure loi du service militaire obligatoire, purifier ses mœurs, apprendre le respect des lois et constituer une presse capable de former les esprits à la pratique des libertés et de les bien renseigner sur l'étranger.

. . . .

« Il est temps que la France se raidisse pour échapper au sort de certains autres pays incapables de supporter un gouvernement régulier et de fonder des institutions libres, en roulant, de révolution en révolution, dans une irrémédiable décadence.

« Nous espérons ardemment que telle ne sera pas la destinée du grand peuple qui a tant fait pour répandre les idées d'égalité dans le monde, car ce serait un irréparable malheur pour l'humanité tout entière.

EMILE DE LAVELEYE.

RÉNOVATION

> ....
> La France est morte, disent les uns ; la France va mourir, disent les autres... Il me semble cependant, à moi, qui ne suis pas dans la mêlée, que non-seulement la position n'est pas aussi désespérée qu'elle semble au premier aspect, mais encore que le plus grand bien, si nous savons le vouloir, peut résulter pour nous et pour le monde entier de l'épreuve que nous traversons.
>
> *Lettre de M. A. Dumas fils.*

La situation de la France pendant les dix mois qui viennent de s'écouler, — a dit quelque part M. de Cissey, — est de celles qui demeurent écrites en caractères ineffaçables dans l'histoire d'un peuple. D'âge en âge se transmet le souvenir de ces catastrophes effroyables où tous les efforts des hommes échouent par une sorte d'impuissance fatale et que Dieu laisse comme une grande leçon aux générations futures.

Nous venons d'assister à deux crises suprêmes : la guerre d'envahissement et la guerre civile, — — deux crises par lesquelles, le plus souvent, les nations succombent et s'abaissent pour être régénérées et préparées à de nouvelles missions, de nouvelles gloires.

L'histoire de notre pays offre déjà des exemples d'aussi terribles situations. Dieu a voulu le châtier et non le perdre. Ainsi se trouva la France en 1565 pendant les luttes sanglantes de nos guerres de religion ; ainsi encore en 1428, au moment où l'apparition merveilleuse de Jeanne d'Arc sauva Orléans et les dernières provinces que convoitaient si avidement les Anglais.

Guerre extérieure, trahisons, factions, incapacité du gouvernement à l'intérieur, discordes intestines, indifférence ou terreur silencieuse de l'Europe spectatrice : telle était alors la France. Celle d'aujourd'hui ne nous rappelle que trop ces époques douloureuses.

Malgré cela, ayons confiance, la nation française n'est pas morte, elle ne peut pas mourir ; elle possède encore en elle-même la plus grande vitalité. Nous ne croyons pas à ces théories savantes qui concluent à la décadence des races latines, et à l'acheminent vers le bysantisme. Autant vaudrait dire que les canons Krupp sont le dernier mot de la civilisation et du progrès !....

Après avoir bu jusqu'à la lie le calice des humiliations, la France va se relever plus noble que jamais, et, du sein de ses calamités, de ses ruines, de ses désastres, une ère de complète grandeur, de rénovation morale et matérielle va surgir pour elle.

Mais, pour que ce but soit atteint, plus d'hésitations, plus de dissensions, plus de partis. De la concorde, de l'énergie, de la dignité : le salut de notre patrie est là. Rallions-nous, groupons-nous autour de ceux qui, debout au milieu de tant de ruines, tiennent toujours haut et ferme le drapeau national.

Aujourd'hui nous ne devons plus avoir dans l'âme qu'une seule pensée, dans le cœur qu'un seul sentiment, sur les lèvres qu'un seul cri :

Il faut refaire une France !

Pour cela, élevons-nous au-dessus des questions secondaires et des mesquines ambitions, unissons-nous dans un large sentiment de patriotisme, et nous reconstituerons notre patrie dans l'ordre, dans la sécurité, par le respect des principes et du droit.

Il est si facile, a dit Saint-Just, de conduire un peuple aux idées vraies !....

DEBOUT, FRANCE!

Réveille-toi, France opprimée,
On te crut morte et tu dormais !
C. DELAVIGNE.

I

Allons, debout, France, réveille-toi !... Secoue cette torpeur léthargique qui, pendant dix longs mois, t'a tenue enchaînée et paralysée. Debout, vite, relève-toi, c'est ta mère elle-même, la Liberté, qui vient te tendre la main et te dire en souriant : « Courage, tes mauvais jours sont passés ! »

Oui, courage, pauvre chère France ! marche droit devant toi, fièrement, et sans détourner la tête. Porte tes regards vers l'horizon, tu n'y apercevras plus les fameux points noirs que, de son œil terne, l'homme de Sedan a naguère entrevus, mais, au contraire la nouvelle et consolante lueur d'un rayon d'espérance. Hâte-toi de reprendre ta place à la tête des nations et souviens-toi que ton étoile ne peut pas pâlir.

Debout, France, relève-toi !

Hier, c'était la nuit ; — nuit sombre, lugubre, horrible, où, en guise de constellations, on voyait miroiter à la lueur des feux de bivouac et du pétrole enflammé, de larges taches de sang... Hier, c'était le deuil, c'était la désolation, c'était la misère, c'était la ruine, c'était la mort !...

Aujourd'hui, c'est le réveil, c'est l'aube du vrai progrès humanitaire, c'est l'aurore de la rénovation, c'est la réforme des mœurs, — la seule qui soit à même d'assurer celle des institutions, et, partant, des sociétés, si elle repose définitivement sur une base solide ; c'est le soleil qui se lève splendide et qui vient projeter ses irradiations bienfaisantes sur une ère nouvelle, — ère de régénération et de concorde, — l'ère Républicaine, enfin !

Hier, c'était l'atonie, résultat fatalement inévitable d'une domination corruptrice et longtemps souveraine te conduisant au mal et te plongeant au plus profond du désordre pour mieux consolider son empire. Honte sans nom ! c'était l'abnégation de tout ce qu'il y a de grand, de noble, d'honnête, de sacré !... Le patriotisme, éteint dans un grand nombre de cœurs, avait fait place au plus égoïste calcul. Alors, ô malheur ! après des lâchetés sans nombre, des trahisons successives, des défaites accumulées et d'infâmes capitulations, on a vu, dans un immense désastre, sombrer avec ton honneur le pouvoir de celui qui t'avait perdue, de ce Bonaparte auquel tu avais livré aveuglément tes destinées, et qui avait creusé, de ses propres mains, un abîme sous tes pas !

Aujourd'hui, c'est le redressement, c'est l'énergie, c'est la réhabilitation ; c'est la caravane qui, après avoir longtemps erré au hasard dans les sables du désert, en butte aux décevantes illusions du mirage, retrouve tout à coup l'étoile qui la guidera à l'oasis fraîche et ombreuse ; c'est, au lieu de caractères efféminés, ramollis, énervés, le chaud et généreux sang des Vercingétorix et des Rollon, — le vieux sang gaulois, enfin ! — qui circule dans nos veines ; c'est l'abâtardi qui retrouve sa dignité et sa virilité, c'est le pygmée qui se relève géant ; c'est un peuple tout entier qui se redresse plein de fierté, comme le lion blessé, — un peuple qui, frémissant encore de l'étreinte d'un brutal vainqueur, et entendant gronder autour de lui des cris de douleurs inconsolées, de ressentiments inapaisés contre les violateurs du droit et de la raison, crie vengeance et veut recouvrer son prestige et sa splendeur d'autrefois !

La guerre d'invasion, pendant laquelle on a vu les hordes germaniques mettre à exécution cette odieuse et barbare maxime : *La force prime le droit*, a cessé ; les luttes fratricides sont apaisées, l'orage est passé, le calme va renaître, et, de noir qu'il était hier, le ciel redevient bleu.

Les malheurs de toute sorte qui viennent de fondre sur toi, *ô alma parens !* ont retrempé la fibre nationale et effacé nos mesquines passions de parti.

Notre âme, à cette heure, ne contient qu'un seul sentiment : L'AMOUR DE LA PATRIE, — sentiment sublime qui répudie toutes les haines nées des dissensions politiques, le seul qui puisse rétablir l'unité et la solidarité. Le danger commun, les mêmes douleurs endurées, le péril fraternellement affronté, sont en même temps une dure leçon et une fortifiante épreuve qui reconstituent le lien civique et jettent loin dans l'oubli les discordes intestines.

Ton drapeau va désormais nous abriter tous, résolus, la main dans la main, pressés sous tes plis !

Debout, France, relève-toi !

II.

En présence de tant de malheurs accumulés, en présence de l'étrange concours de circonstances qui t'a amenée à ta ruine, ô mère-patrie ! il serait doux de croire au fatalisme ; mais non, c'est Dieu qui préside aux destinées des nations comme à celles des hommes, et nous avons la conviction qu'il te réserve encore de beaux jours, si tu reconnais que le châtiment était mérité, si surtout tu te repens de ta légèreté et de ta coupable insouciance. De toutes les misères que des ennemis sans pitié ont partout amoncelées, de tous les désastres, de tous les deuils qu'a semés la guerre civile, il va surgir une vie nouvelle, et, dans un avenir peu éloigné, ô ma France! lorsque tu seras tout-à-fait renouvelée. régénérée, relevée, anoblie, tu marcheras plus fière et plus belle que jamais à la tête des nations, exerçant parmi les peuples cette influence à laquelle t'appellent tes précieuses aptitudes et ton génie particulier. Alors aussi, — qu'on nous permette cet horoscope, — tu béniras la sanglante guerre qui t'a ouvert les yeux sur le bord du profond abîme creusé sous tes pas par un gouvernement dont l'Assemblée nationale a justement flétri les actes et proclamé la déchéance.

Et qui sait si tu n'en viendras pas jusqu'à te dire que peut-être, après tout, il te fallait, après la guerre d'invasion, l'horrible guerre civile, pour arriver à une rénovation complète ?

Qui sait ?.....

Allons, debout, France, relève-toi ! Voici venir ta mère, la Liberté qui te tend la main et te dit avec un pâle sourire : « Courage ! tes mauvais jours sont passés ; ton étoile est plus brillante que jamais ! »

DU MÊME AUTEUR :

AUTOUR DU TAPIS-VERT. (2me édition).

DÉSILLUSION, POÈME.

DEBOUT, FRANCE! (Brochure in-12).

Pour paraître prochainement :

A TRAVERS LE PAYS-BLEU. DÉSILLUSIONS, POÉSIES.

LA PIERRE PHILOSOPHALE.

LA VALSE DE MINUIT.

LA CHANSON D'AVRIL

LA BALLADE DU DÉCAVÉ

SUS A MONTE-CARLO!

OLLA PODRIDA.

En préparation :

LELLA NEFIDZA.

Alger. — Typ. Juillet St Lager

www.ingramcontent.com/pod-product-compliance
Lightning Source LLC
LaVergne TN
LVHW010258230826
846091LV00007B/3042